お取り寄せNo.1スイーツ！
toroaが教える

極上の
おうち
お菓子

toroa

お取り寄せNo.1スイーツ！
toroaが教える

極上の
おうち
お菓子

toroa

はじめに

はじめまして、お取り寄せスイーツブランドのtoroaです。
普段はオンラインでのお取り寄せを中心にチーズケーキやクッキーなどのお菓子をお届けしています。

toroaの主役は、日常に溶け込んだ定番のお菓子です。
目新しくておいしいお菓子との出会いもうれしいものですが、
慣れ親しんだお菓子だからこそ、おいしさがすんなり伝わって心から癒やされると感じています。

そんなおいしい幸せを多くの方と共有したいと考えて始めたのが、
SNSで発信している「toroaおうちカフェ」レシピです。
仕事や家事に忙しい毎日でも、おいしいおやつがあればホッとひと息つくことができるはず。
そんなときに、おうちで気軽に楽しんでいただけるレシピを紹介しています。

この本には、「toroaおうちカフェ」から特にうれしい反響をいただいたスイーツとドリンクの作り方を選んで掲載しています。
家にある身近な素材で作れる至福のケーキや、
お茶を淹れるくらい短い時間で作れるカフェ風ドリンクなど、
肩ひじ張らずに、ワクワクしながら作ってもらえるスイーツとドリンクばかりです。

この本によって、みなさんのおやつの時間がもっと楽しくなって、
お菓子作りが暮らしの楽しみのひとつになることを願っています。

toroa

CONTENTS

・ Part 1 ・
お取り寄せNo.1！
世界一おいしいチーズケーキ

・ Part 2 ・
2時間で1000缶完売！
伝説級においしいクッキー

・ Part 3 ・
まるでお店の味！
極上本格ケーキ

・ Part 4 ・
毎日でも食べたい！
人生最高のスコーン

・ Part 5 ・

レンチン&冷やすだけ！

最強の冷たいスイーツ

・ Part 6 ・

ホットもアイスも！

魅惑のカフェドリンク

Column

基本の道具

この本で紹介しているお菓子は、
いつもの料理で使う道具でおいしく作れます。

基本の調理道具

鍋

紅茶を煮出したり、簡単なソースを
作ったりする際に使います。サイズ
は小鍋で十分です。

耐熱ガラス製ボウル

電子レンジで加熱調理するときに重
宝します。大中小のサイズで揃えて
おくと便利です。

ふるい

粉類をふるい入れたり、液体を漉す
ときに使います。ボウルより少し小
型のハンドルつきのものが作業しや
すくおすすめです。少量の場合には
茶漉しも便利です。

天板

お菓子を焼く際に使います。
オーブンレンジに付属のも
ので大丈夫です。

めん棒

生地をのばす際に使います。
お菓子作りには30〜40cm
のものがおすすめです。均
等にのばせるガイドつきの
ものもあります。

消耗品

ラップ

生地を成形したり、電子レンジで加
熱する際にボウルなどにかけて使い
ます。普段ご家庭で使っているもの
で大丈夫です。

クッキングシート

生地が型や天板にくっつかないよう
に敷きます。型に使う場合、型の高
さより数cm長めに切って敷くと、ケー
キが取り出しやすくなります。

ジッパーつき保存袋

この本では材料を入れてもんだり、
冷凍保存する際に使います。透明で
厚みのあるMサイズの冷凍保存用が
おすすめです。

はかる

はかり

お菓子作りでは、0.1gまたは1gごとに細かく計量できて、容器をのせて0gに設定できるデジタルスケールが重宝します。

計量カップ

メモリが見やすくて細かく計量できるものがおすすめ。耐熱ガラス製なら電子レンジにも使えます。

計量スプーン

この本では大さじ15ml(cc)と小さじ5ml(cc)を使います。

混ぜる

ゴムベラ

生地を混ぜたり、こそげ取る際に使います。ヘラと柄が一体になった耐熱シリコン製が、使いやすくて衛生的です。

泡立て器

ワイヤーに強度があって変形しにくく、自分の手にあう持ちやすいものがおすすめです。

型

パウンド型

この本では長さ21.5×幅8.7×高さ6cmの型を使っています。湯煎焼きにも使えるよう、湯が入らず、熱伝導のよい、底が取れない金属製を選びましょう。

他にもこれを使います！

・包丁　・バット（深型）
・まな板　・オーブンレンジ

基本の材料

身近な材料でおいしく作れるお菓子ばかりですが、
材料にこだわれば、よりおいしくできあがります。

こだわりたい材料

生クリーム

動物性と植物性のものがありますが、動物性の乳脂肪分35％のものがおすすめです。ミルキーさとコクが違います。

塩

入手しやすい一般的な塩で十分おいしく作れます。こだわりたい方には、フランスのゲランド塩など旨味のあるものがおすすめです。

きび糖

グラニュー糖　　　　　　粉糖

砂糖類

この本ではグラニュー糖、きび糖、粉糖を使用しています。きび糖を使うとコクが出ますが、ない場合はグラニュー糖で代用しても大丈夫です。粉糖はコーンスターチの入っていないものがおすすめです。

バター

塩分を調節しやすい食塩不使用のものを使いましょう。味に深みを出したい場合は、発酵バターを。風味とコクが増します。

チョコレート

この本では、カカオ70％のビターチョコレート、ミルクチョコレートを主に使います。製菓用でも、入手しやすい一般的なものでも大丈夫です。

茶葉

紅茶、烏龍茶、ほうじ茶のティーバッグを主に使います。電子レンジで加熱できるように、いずれもホチキス不使用のものを選びましょう。ホチキスありの場合は、はずして茶葉のみで使用してください。

粉類

薄力粉

お菓子作りには主に薄力粉を使います。メーカーや種類によって多少味に違いが出ますが、入手しやすい一般的なもので十分です。

ホットケーキ
ミックス

小麦粉が主原料料のものを使います。ホットケーキミックスを使うと、ベーキングパウダーなしでパウンドケーキを作ることができます。

抹茶パウダー

溶けやすくて使いやすい製菓用や、色や風味、産地にこだわった茶道用などがあります。入手しやすいもので十分です。

アーモンド
プードル

アーモンドをパウダー状にしたもの。アーモンドの風味が加わるとともに、クッキーはサクサクと、ケーキはしっとりと仕上がります。

乳製品、卵

プレーン
ヨーグルト

甘みを調節しやすい砂糖不使用のプレーンタイプを使います。乳清と呼ばれる水分が出ていたら、よく混ぜてから使いましょう。

卵

この本ではMサイズ（約50ｇ）を使用。鮮度のよいものを選びましょう。

牛乳

お菓子作りには、牛乳本来の風味がある成分無調整のものがおすすめです。低温殺菌のものなら、お菓子にまろやかさも加わります。

クリームチーズ

牛乳と生クリームが原材料の非熟成チーズ。プレーンタイプを使います。メーカーによって風味に違いがありますが、入手しやすいもので十分です。

本書の使い方

材料

レシピで使う材料を写真つきで紹介しています。お菓子作りは分量がカギになるため、必ず分量を守ってください。

おすすめの食べ方 または POINT・MEMO

作ったスイーツをよりおいしく食べるためのおすすめの食べ方、材料のポイントなどを紹介しています。

STEP

作り方を「下準備」「材料を混ぜる」「成形する」「オーブンで焼く」など、大まかな手順ごとに区切って紹介しています。

Point

作り方のワンポイントを記載しています。ぜひ参考にしてみてください。

本書のレシピについて

・材料の表記は大さじ1＝15mℓ（15cc）、小さじ1＝5mℓ（5cc）です。
・電子レンジは特に指定のない場合は600Wを使用しています。
・レシピには目安となる分量や調理時間を表記していますが、様子を見ながら加減してください。
・飾りで使用した材料は明記していないものがあります。お好みで追加してください。

・果物類は特に指定のない場合は、洗う、皮をむくなどの下準備をすませてからの手順を記載しています。
・火加減は、特に指定のない場合は中火で調理しています。
・とろみのあるものや、マグカップでの加熱は加熱しすぎないように、必ず様子を見ながら過熱してください。
・はちみつは1歳未満の乳児には与えないでください。

· Part 1 ·

〜〜〜〜〜〜〜〜〜

お取り寄せNo.1！
世界一おいしい
チーズケーキ

〜〜〜〜〜〜〜〜〜

「ベストお取り寄せ大賞2022」で総合大賞を受賞した、
toroaで一番人気の「チーズケーキ」を
ご家庭で作れるレシピにしました。
定番の味から、烏龍茶で香りづけした本格派、
かぼちゃや抹茶、バナナを使った
アレンジレシピまで5品をご紹介。
こだわりのとろとろ＆なめらか食感を
ぜひお試しあれ。

口どけなめらか！
烏龍茶チーズケーキ

ミルクと相性のよい烏龍茶は、チーズケーキに加えると驚くほど本格的な味わいに！
一度食べたら何度でも作りたくなるおいしさです。

材料（長さ21.5×幅8.7×高さ6cmのパウンド型1台分）

生クリーム…200ml
烏龍茶（茶葉）…10g
クリームチーズ…200g
グラニュー糖…90g
溶き卵…2個分（約100g）
無糖プレーンヨーグルト…50g
レモン果汁…小さじ1
バニラエッセンス…3滴
薄力粉（またはコーンスターチ、米粉）
　…大さじ1

〜 おすすめの食べ方 〜

メープルシロップや華やかな香りのはちみつ
をかけたり、甘さ控えめのホイップクリーム
を添えて。もちろん、両方合わせてもおいし
いです。合わせるドリンクは烏龍茶がおすす
めです。

作り方

STEP 1 材料を混ぜる

1

鍋に生クリームと烏龍茶を入れて中火にかけ、煮立ったら火をとめ、そのまま10分おく。

· Point ·

烏龍茶の風味を強めに出したい場合は、茶葉を12gに増やしても。

2

耐熱ボウルにクリームチーズを入れ、ラップをかけて電子レンジで30秒加熱し、ゴムベラでなめらかになるまで混ぜる。

5

2にふるいで**1**を漉し入れ、無糖プレーンヨーグルト、レモン果汁、バニラエッセンスを順に加える。

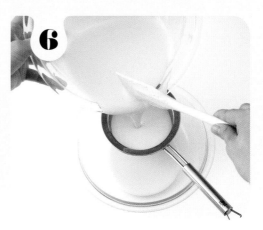

6

5に茶漉しで薄力粉をふるい入れ、ゴムベラで混ぜ合わせる。ふるいで生地を漉す。

3

グラニュー糖を加え、泡立て器ですり混ぜる。

4

溶き卵を3回に分けて加え、その都度よく混ぜ合わせる。

⟶ <u>STEP 2</u> オーブンで焼く ⟶

7

クッキングシートを敷いた型に流し入れる。天板にバットを重ねて型をのせ、熱湯を型の底から約2cmの高さまで注ぎ、180℃に予熱したオーブンで45分ほど焼く。

8

オーブンから型を取り出し、粗熱を取る。型のままラップで包み、冷蔵庫で一晩冷やす。

さっぱり&なめらか！

水切りヨーグルトの
チーズケーキ

生クリームを使わず、水切りヨーグルトで作るチーズケーキは口どけがよく、ほどよくさっぱり。
練乳を加えてミルキーに仕上げました。

材料（長さ21.5×幅8.7×高さ6cmのパウンド型1台分）

無糖プレーンヨーグルト…300g
クリームチーズ…200g
グラニュー糖…90g
練乳…大さじ3
溶き卵…2個分（約100g）
レモン果汁…小さじ2
薄力粉…大さじ1
バニラエッセンス…3滴

おすすめの食べ方

フルーティーなはちみつやベリーソースとの
相性がいいです。ベリーソースがない場合は、
ホイップクリームにラズベリーやブルーベリ
ーを合わせても。

作り方

STEP 1 下準備 ·······→

ボウルにキッチンペーパーを敷いたザルを重ねて無糖プレーンヨーグルトをあけ、ラップをかけて冷蔵庫に3時間入れて水気を切る。

STEP 2 材料を混ぜる ·······

耐熱ボウルにクリームチーズを入れ、ラップをかけて電子レンジで30秒加熱し、ゴムベラでなめらかになるまで混ぜる。

·······→ ### STEP 3 オーブンで焼く ·······

ゴムベラを使ってふるいで生地を漉す。

クッキングシートを敷いた型に流し入れる。

グラニュー糖、練乳を加え、よく混ぜる。溶き卵を3回に分けて加え、その都度泡立て器でよく混ぜる。

· **Point** ·
練乳を加えることでミルキーさが増す。

レモン果汁、**1**のヨーグルトを加えて混ぜる。茶漉しで薄力粉をふるい入れ、バニラエッセンスを加えてよく混ぜる。

天板にバットを重ねて型をのせ、熱湯を型の底から約2cmの高さまで注ぎ、180℃に予熱したオーブンで40〜45分焼く。

オーブンから型を取り出し、粗熱を取る。型のままラップで包み、冷蔵庫で一晩冷やす。

かぼちゃチーズケーキ

かぼちゃの風味がしっかりと感じられる本格派ケーキなのに、混ぜて焼くだけと簡単。
グラニュー糖とはちみつを加えたやさしい甘さもポイントです。

材料（長さ21.5×幅8.7×高さ6cmのパウンド型1台分）

かぼちゃ（皮をむいたもの）… 正味 100g
クリームチーズ…200g
グラニュー糖…90g
はちみつ…大さじ1
溶き卵…2個分（約100g）
レモン果汁…小さじ½
生クリーム…150㎖
薄力粉…大さじ1
バニラエッセンス…3滴

おすすめの食べ方

甘党の方はホイップクリームを添えるのがお
すすめ。より濃厚＆クリーミーな味わいにな
ります。

作り方

STEP 1 下準備 ··········➤ STEP 2 材料を混ぜる ··········

耐熱ボウルに一口大に切ったかぼちゃを入れてふんわりラップをかけ、電子レンジでやわらかくなるまで3分ほど加熱する。

細かくちぎったクリームチーズを加え、ゴムベラでなめらかになるまで練る。

··········➤ STEP 3 オーブンで焼く ··········

ゴムベラを使ってふるいで生地を漉す。

クッキングシートを敷いた型に流し入れる。

3

グラニュー糖、はちみつ、溶き卵、レモン果汁、生クリームを順に加え、泡立て器でよく混ぜる。

・Point・

溶き卵は3回に分けて加え、その都度よく混ぜる。

4

茶漉しで薄力粉をふるい入れ、バニラエッセンスを加えてよく混ぜる。

7

天板にバットを重ねて型をのせ、熱湯を型の底から約2cmの高さまで注ぎ、180℃に予熱したオーブンで40〜45分焼く。

8

オーブンから型を取り出し、粗熱を取る。型のままラップで包み、冷蔵庫で一晩冷やす。

濃厚&ビターな
抹茶チーズケーキ

抹茶の風味が口いっぱいに広がる、抹茶好きにはたまらないチーズケーキです。
濃厚な味わいで、大人の方にもおすすめです。

材料（長さ21.5×幅8.7×高さ6cmのパウンド型1台分）

クリームチーズ…200g
グラニュー糖…90g
抹茶パウダー…10g
溶き卵…2個分（約100g）
生クリーム…200mℓ
無糖プレーンヨーグルト…50g
レモン果汁…小さじ⅔
バニラエッセンス…3滴
薄力粉…大さじ1

おすすめの食べ方

仕上げに抹茶パウダーをふると、抹茶の香り
が広がってさらに本格的な味わいになります。

作り方

<u>STEP 1</u> 材料を混ぜる ....

耐熱ボウルにクリームチーズを入れ、ラップをかけて電子レンジで30秒加熱し、ゴムベラでなめらかになるまで混ぜる。グラニュー糖を加え、泡立て器ですり混ぜる。

抹茶パウダーを加え、色味が均一になるまで混ぜる。

茶漉しで薄力粉をふるい入れ、よく混ぜる。

ふるいで生地を漉し、クッキングシートを敷いた型に流し入れる。

3

溶き卵を3回に分けて加え、その都度よく混ぜ合わせる。

4

生クリーム、無糖プレーンヨーグルト、レモン果汁、バニラエッセンスを順に加えてよく混ぜる。

→ <u>STEP 2</u> **オーブンで焼く** →

7

天板にバットを重ねて型をのせ、熱湯を型の底から約2cmの高さまで注ぎ、180℃に予熱したオーブンで40〜45分焼く。

8

オーブンから型を取り出し、粗熱を取る。型のままラップで包み、冷蔵庫で一晩冷やす。

バナナたっぷり2本分!
濃厚バナナチーズケーキ

チーズと一体になったバナナならではの甘みが、ひと味もふた味も違うおいしさ!
熟れすぎたバナナの消費にもぴったりなケーキです。

材料(長さ21.5×幅8.7×高さ6cmのパウンド型1台分)

バナナ…正味130g(約2本分)
クリームチーズ…200g
グラニュー糖…50g
メープルシロップ…30g
溶き卵…2個分(約100g)
無糖プレーンヨーグルト…100g
レモン果汁…大さじ½
薄力粉…大さじ1
バニラエッセンス…3滴

[トッピング用]
バナナ(輪切り)、
ホイップクリーム
(ともに好みで)
　…各適量

作り方

STEP 1 材料を混ぜる ……………………………………………

1

バナナはフォークでざっくりとつぶす。

2

耐熱ボウルにクリームチーズを入れ、ラップ
をかけて電子レンジで30秒加熱し混ぜる。

グラニュー糖、メープルシロップ、溶き卵、無糖プレーンヨーグルト、レモン果汁を順に加え、その都度よく混ぜる。

・Point・

溶き卵は3回に分けて加え、その都度よく混ぜる。

1のバナナを加えてゴムベラで混ぜる。茶漉しで薄力粉をふるい入れて混ぜ、バニラエッセンスを加えて混ぜる。

⋯⋯➤ <u>STEP 2</u> オーブンで焼く ⋯⋯⋯⋯➤

クッキングシートを敷いた型に流し入れる。天板にバットを重ねて型をのせ、熱湯を型の底から約2cmの高さまで注ぎ、180℃に予熱したオーブンで40〜45分焼く。

オーブンから型を取り出し、粗熱を取る。型のままラップで包み、冷蔵庫で一晩冷やす。好みで食べるときにホイップクリームをしぼり、輪切りにしたバナナをのせる。

· Part 2 ·

〜〜〜〜〜〜〜〜〜〜〜〜〜

2時間で1000缶完売！

伝説級においしい
クッキー

〜〜〜〜〜〜〜〜〜〜〜〜〜

toroaでチーズケーキと並ぶ人気のクッキーは、
2時間で1000缶が完売したことも。
そんなtoroaが自信をもっておすすめする
クッキーレシピ9品です。
繰り返し作りたい定番のおいしさばかりです！

材料5つでできる！
濃厚チョコクッキー

ほろほろとした食感が楽しい生チョコみたいに濃厚なクッキー。
ほんの少し塩を加えることで、おいしさが際立ちます。

材料（15枚分）

ビターチョコレート（カカオ70％）…100g
無塩バター…20g
グラニュー糖…大さじ3
塩…ひとつまみ
薄力粉…50g

※写真ではタブレット状の製菓用チョコレートを
　使っています。板チョコ状のものを使う場合は
　砕いてから使ってください。

POINT

ビターチョコレートはカカオ70％のものが
おすすめ。ミルクチョコレートを使う場合は、
グラニュー糖の量を大さじ1程度に変更して
ください。

STEP 1 材料を混ぜる ⋯⋯⋯⋯⋯⋯⋯⋯⋯⋯⋯⋯⋯⋯⋯⋯⋯⋯⋯⋯⋯⋯⋯⋯⋯⋯

1

耐熱ボウルにビターチョコレート、無塩バターを入れ、電子レンジで1分ほど加熱し、ゴムベラで混ぜて溶かす。

2

グラニュー糖と塩を加え、薄力粉をふるい入れ、ゴムベラで混ぜる。

5

ラップでしっかり包み、冷蔵庫で20分冷やす。

6

作業台にラップに包んだままの生地をのせ、再び手で転がして棒状に形を整える。ラップをはずして15等分（厚さ1.2 ㎝ほど）に切り分ける。

色が均一になり、粉っぽさがなくなるまでしっかり混ぜる。

ラップを敷いた作業台に生地をのせてひとまとめにし、手で前後に転がして、直径3cmほどの棒状に成形する。

> ## STEP 3 オーブンで焼く

クッキングシートを敷いた天板に生地を並べ、170℃に予熱したオーブンで15分ほど焼く。

MEMO

・6で切りにくい場合は、再びラップに包んで冷蔵庫でさらに20分冷やしてください。

・より味にこだわりたい場合、バターは発酵バター、砂糖はきび糖がおすすめ。深みが出て、一段と本格的な味わいに仕上がります。

やみつき！
濃厚チーズクッキー

1枚食べたら手がとまらなくなる、濃厚なチーズの風味がたまらないクッキー。
ワインのお供にもおすすめです。

材料（20枚分）

無塩バター…50g
グラニュー糖…20g
卵黄…1個分
薄力粉…70g
粉チーズ…30g

作り方

[材料を混ぜる]

1 ボウルに無塩バターを入れ、ゴムベラでなめらかになるまで練る。グラニュー糖を加えてすり混ぜる。卵黄を加えて混ぜる。

2 薄力粉をふるい入れ、粉チーズを加え、ひとまとまりになるまでよく混ぜる。

[生地を成形する]

3 ラップを敷いた作業台に生地をのせてひとまとめにし、手で前後に転がして、直径2.5cmほどの棒状に成形する。ラップでしっかり包み、冷蔵庫で20分冷やす。

4 作業台にラップに包んだままの生地をのせ、再び手で転がして棒状に形を整える。再び冷蔵庫で40分冷やす。

5 ラップをはずして20等分（厚さ1.2cmほど）に切り分ける。

[オーブンで焼く]

6 クッキングシートを敷いた天板に生地を等間隔に並べ、160℃に予熱したオーブンに入れ、150℃に温度を下げて、まわりが薄いきつね色になるまで25分ほど焼く。

5

抹茶が香る！
濃厚抹茶クッキー

家で作ったとは思えないほど、バターと抹茶の風味がリッチな抹茶クッキー。
味を格段に深めてくれるのは、ほんの少し加える塩。おいしさの違いに驚きます。

材料（18枚分）

無塩バター…50g
グラニュー糖…40g
塩…少々
卵黄…1個分
薄力粉…95g
抹茶パウダー…4g

作り方

[材料を混ぜる]

1 ボウルに無塩バターを入れ、ゴムベラでなめらかになるまで練る。

2 グラニュー糖と塩を加えてすり混ぜる。卵黄を加え、ゴムベラで混ぜる。

3 薄力粉と抹茶パウダーを順にふるい入れ、ひとまとまりになるまでよく混ぜる。

[生地を成形する]

4 ラップを敷いた作業台に生地をのせてひとまとめにし、手で前後に転がして、直径2.5cmほどの棒状に成形する。ラップでしっかり包み、冷蔵庫で20分冷やす。

5 作業台にラップに包んだままの生地をのせ、再び手で転がして棒状に形を整える。再び冷蔵庫で40分冷やす。

6 ラップをはずして18等分（厚さ1.2cmほど）に切り分ける。

[オーブンで焼く]

7 クッキングシートを敷いた天板に生地を等間隔に並べ、160℃に予熱したオーブンに入れ、150℃に温度を下げてまわりが薄いきつね色になるまで25分ほど焼く。

さくさく&ゴロゴロ

チョコチャンククッキー

みんな大好きなチョコチャンクがたっぷり入ったクッキー！
バターたっぷりのさくさく生地とあいまって、至福のおいしさです。

材料（10〜12枚分）

無塩バター…70g
グラニュー糖…70g
卵黄…2個分
バニラエッセンス…3滴
薄力粉…150g
塩…ひとつまみ
ミルクチョコレート…100g

おすすめの食べ方

コーヒーや紅茶はもちろん、ホットミルクとも相性抜群。おうち時間のカフェタイムにどうぞ！

作り方

STEP 1　材料を混ぜる ·····································

ボウルに無塩バターを入れ、ゴムベラでなめらかになるまで練る。

グラニュー糖を加えてすり混ぜる。

➤ STEP 2　生地を成形する ·········

1cm角ほどに刻んだチョコレートを加え、ひとまとまりになるまで混ぜる。

ラップを敷いた作業台に生地をのせてひとまとめにし、めん棒で厚さ1.5cmほどの四角形に成形する。冷蔵庫で2時間冷やす。

卵黄とバニラエッセンスを加えて混ぜる。

薄力粉をふるい入れ、塩を加え、ゴムベラで切るようにして粉っぽさがなくなるまで混ぜる。

▶ STEP 3 オーブンで焼く

ラップをはずして10〜12等分に切り、厚さ7mmほどの円形にのばす。

クッキングシートを敷いた天板に生地を並べ、180℃に予熱したオーブンに入れ、170℃に温度を下げてまわりが薄いきつね色になるまで20分ほど焼く。

さくほろ！
スノーボール

口に入れた瞬間に広がる、さくほろ食感と、粉糖とアーモンドのやさしい甘さ！
食べすぎ要注意のおいしさです。

材料（20個分）

無塩バター…40g
粉糖…20g＋適量（仕上げ用）
塩…少々
アーモンドプードル…30g
薄力粉…40g

おすすめの食べ方

見た目もころんと丸くてかわいいので、ラッ
ピングすればちょっとしたおもたせにもぴっ
たりです。

作り方

<u>STEP 1</u> 材料を混ぜる

ボウルに無塩バターを入れ、ゴムベラでなめらかになるまで練る。

粉糖と塩を加えて混ぜる。

→ <u>STEP 3</u> オーブンで焼く

そのまま冷蔵庫で20分冷やす。作業台にラップをはずした生地をのせ、20等分に切って丸める。

クッキングシートを敷いた天板に生地を並べ、160℃に予熱したオーブンで15〜20分焼く。

3

アーモンドプードルと薄力粉を順にふるい入れ、ひとまとまりになるまでよく混ぜる。

4

ラップを敷いた作業台に生地をのせてひとまとめにし、ラップで包む。

7

別のボウルにクッキーを入れ、スプーンで仕上げ用の粉糖をまんべんなくたっぷりまぶす。

MEMO

クッキーが温かいうちは粉糖が溶けやすいため、しっかり冷めてからまぶしてください。

さくほろ&濃厚！

チョコスノーボール

ココア生地にチョコチップを混ぜたちょっとぜいたくなチョコスノーボール。
プチプチのチョコチップの食感が楽しくて、つい何個も食べたくなってしまうはず。

材料（20個分）

無塩バター…40g
粉糖…20g＋適量（仕上げ用）
塩…少々
アーモンドプードル…30g
薄力粉…40g
ココアパウダー…10g
チョコチップ…20g

作り方

[材料を混ぜる]

1 ボウルに無塩バターを入れ、ゴムベラでなめらかになるまで練る。

2 粉糖と塩を加えて混ぜる。アーモンドプードル、薄力粉、ココアパウダーを順にふるい入れて混ぜる。

3 チョコチップを加え、ひとまとまりになるまでよく混ぜる。

[生地を成形する]

4 ラップを敷いた作業台に生地をのせてひとまとめにし、ラップで包む。冷蔵庫で20分冷やす。

5 作業台にラップをはずした生地をのせ、20等分に切って丸める。

[オーブンで焼く]

6 クッキングシートを敷いた天板に生地を並べ、160℃に予熱したオーブンで15〜17分焼く。

7 別のボウルにクッキーを入れ、スプーンで仕上げ用の粉糖をまんべんなくたっぷりまぶす。

アールグレイが香る！

ミルクティースノーボール

まるでミルクティーを飲んでいるかのように、紅茶がふんわり香ります。
よりミルキーに仕上げたいなら、生地に練乳を小さじ1ほど加えても。

材料（20個分）

無塩バター…40g
粉糖…20g＋適量（仕上げ用）
塩…少々
紅茶（茶葉）…3g
アーモンドプードル…30g
薄力粉…40g

作り方

［材料を混ぜる］

1 ボウルに無塩バターを入れ、ゴムベラでなめらかになるまで練る。

2 粉糖と塩を加えて混ぜる。

3 紅茶を加えて混ぜる。

4 アーモンドプードルと薄力粉を順にふるい入れ、ひとまとまりになるまでよく混ぜる。

［生地を成形する］

5 ラップを敷いた作業台に生地をのせてひとまとめにし、ラップで包む。冷蔵庫で20分冷やす。

6 作業台にラップをはずした生地をのせ、20等分に切って丸める。

［オーブンで焼く］

7 クッキングシートを敷いた天板に生地を並べ、160℃に予熱したオーブンで15〜20分焼く。

8 別のボウルにクッキーを入れ、スプーンで仕上げ用の粉糖をまんべんなくたっぷりまぶす。

MEMO

紅茶はアールグレイを使用。茶葉が大きい場合は、細かく刻んでください。

チョコチップ入り！

抹茶スノーボール

抹茶とチョコレートの異なるおいしさがひとつに。
さくほろの生地とプチプチのチョコチップの食感を楽しんで！

材料（20個分）

無塩バター…40g
粉糖…30g＋適量（仕上げ用）
塩…少々
アーモンドプードル…30g
薄力粉…40g
抹茶パウダー…5g
チョコチップ…20g

作り方

［材料を混ぜる］

1 ボウルに無塩バターを入れ、ゴムベラでなめらかになるまで練る。

2 粉糖と塩を加えて混ぜる。

3 アーモンドプードル、薄力粉、抹茶パウダーを順にふるい入れてよく混ぜる。

4 チョコチップを加え、ひとまとまりになるまでよく混ぜる。

［生地を成形する］

5 ラップを敷いた作業台に生地をのせてひとまとめにし、ラップで包む。冷蔵庫で20分冷やす。

6 作業台にラップをはずした生地をのせ、20等分に切って丸める。

［オーブンで焼く］

7 クッキングシートを敷いた天板に生地を並べ、160℃に予熱したオーブンで15〜17分焼く。

8 別のボウルにクッキーを入れ、スプーンで仕上げ用の粉糖をまんべんなくたっぷりまぶす。

卵なしで作れる！

ショートブレッド

バターたっぷりのリッチな味わいのショートブレッド。
裏面にしっかり焼き目がつくまで低温でしっかり焼くのがポイントです。

材料（6個分）

無塩バター…60g
グラニュー糖…25g
塩…少々
バニラエッセンス… 2滴
薄力粉…100g

作り方

STEP 1 材料を混ぜる ·······

1

ボウルに無塩バターを入れ、ゴムベラでなめらかになるまで練る。

2

グラニュー糖と塩を加え、白っぽくなるまで混ぜる。

3

バニラエッセンスを加え、薄力粉をふるい入れ、ゴムベラで切るように混ぜる。粉っぽさがなくなってきたら、ひとまとまりになるまで押しつけるようにして混ぜる。

4

生地をラップでひとまとめにし、めん棒で厚さ1.2cmほどの四角形に成形する。冷蔵庫で20分冷やす。

➤ STEP 3 オーブンで焼く

5

ラップをはずし、縦7×横2cmほどの6等分に切り分ける。フォーク（またはつまようじ）を刺して穴を縦に2列あけ、模様をつける。

6

クッキングシートを敷いた天板に生地を並べ、150℃に予熱したオーブンで15分焼く。天板の向きを変えて（オーブンの奥に入れた方を手前にする）さらに15分ほど焼く。

· Part 3 ·

~~~~~~~~~~~~~~~~~~~~~~~~~~~~~

まるでお店の味！
極上本格ケーキ

~~~~~~~~~~~~~~~~~~~~~~~~~~~~~

混ぜて焼くだけで
お店レベルのお菓子が作れたら最高ですよね。
しかも、身近なところで手に入る材料でできるなら、
なおうれしい！
そんな願いが叶う5種類のケーキを集めました。
プレゼントにもおすすめです。

混ぜて焼くだけ！
烏龍茶バナナパウンドケーキ

烏龍茶とバナナの組み合わせが新鮮な味わい。
混ぜて焼くだけとは思えない、お店のような深みのある味に仕上がります。

材料(長さ21.5×幅8.7×高さ6cmのパウンド型1台分)

烏龍茶(ティーバッグ)…2袋(約6g)
水…100mℓ
無塩バター…60g
グラニュー糖…60g
塩…ひとつまみ
バナナ…3本
溶き卵…1個分(約50g)
薄力粉…120g
ベーキングパウダー…大さじ½
メープルシロップ…大さじ½

POINT

半発酵させて作る烏龍茶の独特の風味が隠し味となって、ケーキの味わいに深みを出してくれます。烏龍茶を煎じて混ぜるだけで、いつもと違う格別な風味の仕上がりに。ホチキスでとめてあるティーバッグを使う場合は、はずして茶葉のみで使用してください。

作り方

STEP 1 下準備 ·················> ## STEP 2 材料を混ぜる ···········

1

耐熱ボウルに烏龍茶のティーバッグと水を入れ、ふんわりラップをかけて電子レンジで1分加熱し、5分蒸らす。

2

別のボウルに無塩バターを入れ、ゴムベラでなめらかになるまで練る。

5

溶き卵と**1**の烏龍茶を加えてよく混ぜる。

6

薄力粉とベーキングパウダーをふるい入れ、よく混ぜ合わせる。

3

グラニュー糖と塩を加えて混ぜる。

4

バナナ2本を加え、ゴムベラでつぶしながら
混ぜる。

···→ <u>STEP 3</u> オーブンで焼く ···············→

7

クッキングシートを敷いた型に流し入れ、縦
半分に切ったバナナ1本をのせ、メープルシ
ロップをかける。

8

天板に型をのせ、180℃に予
熱したオーブンで40〜45分
焼く。

· Point ·

途中で表面が焦げ
そうならアルミホ
イルをかぶせる。

ホットケーキミックスで簡単！

ミルクティーパウンドケーキ

ホットケーキミックスで作れる簡単パウンドケーキ。
紅茶が全体の風味をまとめあげ、ワンランク上の味に仕上がります。

材料（長さ21.5×幅8.7×高さ6cmの
パウンド型1台分）

紅茶（ティーバッグ）… 1袋（約2.5g）
水…50mℓ
牛乳…50mℓ
無塩バター…70g
グラニュー糖…50g
溶き卵…1個分（約50g）
ホットケーキミックス…150g

作り方

[下準備]

1 耐熱ボウルに紅茶のティーバッグと水を入れ、ふん
わりラップをかけて電子レンジで1分加熱する。牛
乳を加えてさらに1分30秒加熱し、ラップをかけ
たまま3分蒸らしてティーバッグを取り出す。

[材料を混ぜる]

2 別のボウルに無塩バターを入れ、ゴムベラでなめら
かになるまで練る。

3 グラニュー糖、溶き卵、**1**を加えて混ぜる。

4 ホットケーキミックスを加えてよく混ぜる。

[オーブンで焼く]

5 クッキングシートを敷いた型に流し入れ、天板に型
をのせ、180℃に予熱したオーブンで35分ほど焼く。

MEMO

紅茶はミルクティーに合う
アールグレイを使ってくだ
さい。茶葉が大きい場合は、
細かく刻んでください。

ホットケーキミックスで簡単！

抹茶パウンドケーキ

ホットケーキミックスで作るパウンドケーキ第2弾！
抹茶にいちごジャムを混ぜて、ほんのり甘酸っぱさを加えるのがポイントです。

材料（長さ21.5×幅8.7×高さ6cmの
パウンド型1台分）

無塩バター…70g
グラニュー糖…50g
塩…少々
抹茶パウダー…10g
溶き卵…1個分（約50g）
牛乳…50mℓ
ホットケーキミックス…150g
いちごジャム…60g

作り方

[材料を混ぜる]

1　ボウルに無塩バターを入れ、ゴムベラでなめらかに
なるまで練る。

2　グラニュー糖、塩、抹茶パウダー、溶き卵、牛乳を
加えて混ぜる。

3　ホットケーキミックスを加えてよく混ぜる。

4　クッキングシートを敷いた型に生地を高さ5mmほ
どまで流し入れる。

5　いちごジャムを入れ、ゴムベラで端までまんべんな
く行き渡らせる。

[オーブンで焼く]

6　残りの生地を流し入れ、天板に型をのせ、180℃に
予熱したオーブンで35分ほど焼く。

とろける口どけ！
禁断の生ガトーショコラ

とろとろの口どけと、濃厚な生チョコ風の味わいのガトーショコラ。
一口ずつ大切に味わいたくなるおいしさを実現しました。

材料（長さ21.5×幅8.7×高さ6cmのパウンド型1台分）

ビターチョコレート（カカオ70％）…200g
無塩バター…150g
グラニュー糖…50g
生クリーム…大さじ2
溶き卵…3個分（約150g）

おすすめの食べ方

塩を少しふりかけると、チョコレートの風味
が締まるだけでなく、コクが増します。

作り方

STEP 1 下準備 ·············➤ STEP 2 材料を混ぜる ··········

1

チョコレートは刻む。無塩バターは小さく切る。

2

耐熱ボウルに **1** を入れ、電子レンジで2分加熱し、泡立て器で混ぜて溶かす。

・**Point**・
2分加熱して溶けない場合は、30秒ずつ追加で加熱して溶かす。

·············➤ STEP 3 オーブンで焼く ··········

5

ゴムベラでつやが出るまでよく混ぜる。

6

クッキングシートを敷いた型に流し入れる。

・**Point**・
焼きすぎると生地が縮んでしまうので注意。表面に焼き色がつき、揺らすとプルプルする状態になればOK。

3

グラニュー糖と生クリームを加えて混ぜる。

4

ふるいで溶き卵を少しずつ漉しながら加え、
その都度よく混ぜる。

7

天板に型をのせ、180℃に予熱したオーブン
で13分ほど焼く。オーブンから型を取り出し、
完全に冷めるまでおく。型をはずし、ラップ
で包んで冷蔵庫で一晩寝かせる。

MEMO

カットするときは湯でナイフを温
め、キッチンペーパーで水気をふ
き取ってから切ると、とろける美
しい断面に。1ピース切ったらそ
の都度ナイフを湯で温め直し、キ
ッチンペーパーで水分をよくふき
取ってから切りましょう。

しっとり&具だくさん

キャロットケーキ

しっとりとした生地となめらかなチーズクリームが相性抜群！
仕上げにはちみつをかけるのもおすすめです。

材料（長さ21.5×幅8.7×高さ6cmのパウンド型1台分）

にんじん…160g
クルミ…30g
A 溶き卵…2個分（約100g）
　　きび糖…70g
　　オリーブオイル…80g
薄力粉…160g
ベーキングパウダー…小さじ⅔
シナモンパウダー…小さじ⅔

ナツメグ（あれば）
　…小さじ⅙
レーズン…20g
クリームチーズ…100g
粉糖…20g
レモン果汁…小さじ1

作り方

STEP 1 下準備 ················> ## STEP 2 材料を混ぜる ···············

にんじんは110gをすりおろし、残りの50g
は千切りに、クルミは粗みじん切りにする。

ボウルに**A**、**1**のすりおろしたにんじんを
入れ、ゴムベラで混ぜる。

3

薄力粉をふるい入れ、さらにベーキングパウダーとシナモンパウダー、あればナツメグを加え、粉っぽさがなくなるまで混ぜる。

4

千切りにしたにんじんとクルミ、レーズンを加え、よく混ぜ合わせる。クッキングシートを敷いた型に流し入れる。

·····→ <u>STEP 3</u> オーブンで焼く ·····→

5

天板に型をのせ、180℃に予熱したオーブンで35〜40分焼く。オーブンから型を取り出し、ケーキクーラーにのせて冷めるまでおく。

6

別のボウルにクリームチーズを入れゴムベラで練り、粉糖、レモン果汁を加えてよく混ぜ、ケーキの上部にまんべんなく塗る。

· Part 4 ·

毎日でも食べたい！

人生最高の
スコーン

おやつだけでなく、
小腹がすいたときにもぴったりなスコーン。
ここでは定番のチョコを使ったスコーンはもちろん、
抹茶やミルクティー、かぼちゃ、いちごなど
ひと味違うものまで7品の作り方を紹介します。

定番人気！

チョコチャンクスコーン

こんがり焼けた生地に、大きなチョコレートがごろごろと入ったチョコチャンクスコーン。
外はさくっ＆中はふわっとした食感でおいしさも無敵！

材料（12個分）

強力粉…100g
薄力粉…100g＋適量（打ち粉用）
ベーキングパウダー… 4 g
無塩バター…60g
グラニュー糖…50g
塩…ひとつまみ
牛乳…60㎖
溶き卵…30g＋適量（生地に塗る用）
ミルクチョコレート…100g

おすすめの食べ方

そのままでももちろんおいしいですが、ホイ
ップクリームを合わせるとさらにぜいたくな
味わいに。のんびりしたいティータイムにぜ
ひ試してください。

STEP 1 材料を混ぜる ·····

ボウルに強力粉、薄力粉、ベーキングパウダーをふるい入れ、小さく切った無塩バターを加え、ゴムベラで練るように混ぜ合わせる。

グラニュー糖と塩を加えて混ぜ、さらに牛乳と溶き卵を加えてよく混ぜる。

ラップでしっかり包み、冷蔵庫で2時間冷やす。

打ち粉をした作業台にラップをはずした生地をのせて三つ折りにし、めん棒で厚さ2cmほどにのばす。これをもう1回繰り返す。

3

1㎝角ほどに刻んだチョコレートを加え、ひとまとまりになるまでよく混ぜる。

4

ラップを敷いた作業台に生地をのせ、さらに上からラップをかけ、めん棒で厚さ2㎝ほどの四角形に成形する。

> **STEP 3** オーブンで焼く

7

12×16㎝に成形し、包丁で12等分に切る。

8

クッキングシートを敷いた天板に生地を並べ、表面に溶き卵を塗り、190℃に予熱したオーブンに入れ、180℃に温度を下げて20〜25分焼く。

ソースがポイント！

ぜいたくいちごスコーン

生地にもトッピングにもいちごを使ったぜいたくなスコーン。
ミルクチョコレートの甘さといちごの甘酸っぱさが、たまらないおいしさです。

材料（12個分）

いちご … 6個
グラニュー糖 … 60g
強力粉 … 100g
薄力粉 … 100g＋適量（打ち粉用）
ベーキングパウダー … 4g
無塩バター … 60g
塩 … ひとつまみ
牛乳 … 80㎖
溶き卵 … 30g＋適量（生地に塗る用）
ミルクチョコレート … 100g

作り方

[下準備]

1 いちごはヘタを取り、縦に四つ切りにする。

2 **1**のいちごのうち3個分をさらに横半分に切り、鍋にグラニュー糖10gとともに入れて30分おき、中火でやらかくなるまで加熱する。ヘラでつぶし、とろみがしっかりつくまで煮詰め、いちごソースを作る。

2

[材料を混ぜる]

3 ボウルに強力粉、薄力粉、ベーキングパウダーをふるい入れ、小さく切った無塩バターを加えてゴムベラで練るように混ぜ合わせる。

4 グラニュー糖50gと塩を加えて混ぜ、さらに牛乳と溶き卵を加えてよく混ぜる。

5 1㎝角ほどに刻んだミルクチョコレートを加え、ひとまとまりになるまでよく混ぜる。

[生地を成形する]

6 ラップを敷いた作業台に生地をのせ、さらに上からラップをかけ、めん棒で厚さ2㎝ほどの四角形に成形する。ラップでしっかり包み、冷蔵庫で2時間冷やす。

7 打ち粉をした作業台にラップをはずした生地をのせて三つ折りにし、めん棒で厚さ2㎝にのばす。これをもう1回繰り返す。

8 生地の中央に**2**のいちごソースを塗る。両端はあけておく。

9 生地を三つ折りにし、めん棒で厚さ2㎝にのばして12×16㎝に成形し、包丁で12等分に切る。

[オーブンで焼く]

10 クッキングシートを敷いた天板に生地を並べ、表面に溶き卵を塗り、**1**の残りのいちごを1片ずつのせる。190℃に予熱したオーブンに入れ、180℃に温度を下げて20〜25分焼く。

具材ごろごろ！
チョコバナナスコーン

「チョコレート×バナナ」がまちがいない組み合わせ！
チョコレートとバナナはごろっとした食感に仕上がるように、大きめにカットしてください。

材料（12個分）

強力粉…100g
薄力粉…100g＋適量（打ち粉用）
ベーキングパウダー…4g
無塩バター…60g
グラニュー糖…50g
塩…ひとつまみ
牛乳…80㎖
溶き卵…30g＋適量（生地に塗る用）
ミルクチョコレート…100g
バナナ…1本

作り方

［材料を混ぜる］

1 ボウルに強力粉、薄力粉、ベーキングパウダーをふるい入れ、小さく切った無塩バターを加えてゴムベラで練るように混ぜ合わせる。

2 グラニュー糖と塩を加えて混ぜ、さらに牛乳と溶き卵を加えてよく混ぜる。

3 1㎝角ほどに切ったチョコレートを加え、ひとまとまりになるまでよく混ぜる。

［生地を成形する］

4 ラップを敷いた作業台に生地をのせ、さらに上からラップをかけ、めん棒で厚さ2㎝ほどの四角形に成形する。ラップでしっかり包み、冷蔵庫で2時間冷やす。

5 打ち粉をした作業台にラップをはずした生地をのせて三つ折りにし、めん棒で厚さ2㎝にのばす。これをもう1回繰り返す。

6 生地の中央に1㎝厚さの輪切りにしたバナナをのせる。両端はあけておく。

7 生地を三つ折りにし、めん棒で厚さ2㎝にのばして12×16㎝に成形し、包丁で12等分に切る。

［オーブンで焼く］

8 クッキングシートを敷いた天板に生地を並べ、表面に溶き卵を塗り、190℃に予熱したオーブンに入れ、180℃に下げて20〜25分焼く。

6

茶葉香る！
ミルクティースコーン

紅茶を使ったミルクティーはイギリスのティータイムをイメージ。
食べるときに生クリームをサンドすれば、よりリッチなスコーンに仕上がります。

材料（12個分）

紅茶（茶葉）… 2袋（5g）
水… 50㎖
牛乳… 50㎖
強力粉… 100g
薄力粉… 100g＋適量（打ち粉用）
ベーキングパウダー… 4g
無塩バター… 60g
グラニュー糖… 40g
塩… ひとつまみ
溶き卵… 30g＋適量（生地に塗る用）

作り方

［下準備をする］

1　耐熱ボウルに紅茶と水を入れ、ふんわりラップをかけて電子レンジで1分加熱する。2分蒸らし、牛乳を加えてスプーンで混ぜ、冷ます。

［材料を混ぜる］

2　ボウルに強力粉、薄力粉、ベーキングパウダーをふるい入れ、小さく切った無塩バターを加えてゴムベラで練るように混ぜ合わせる。

3　グラニュー糖と塩を加え、ゴムベラで混ぜ、1と溶き卵を加えてよく混ぜる。

［生地を成形する］

4　ラップを敷いた作業台に生地をのせ、さらに上からラップをかけ、めん棒で厚さ2㎝ほどの四角形に成形する。ラップでしっかり包み、冷蔵庫で2時間冷やす。

5　打ち粉をした作業台にラップをはずした生地をのせて三つ折りにし、めん棒で厚さ2㎝にのばす。これをもう2回繰り返す。

6　12×16㎝に成形し、包丁で12等分に切る。

［オーブンで焼く］

7　クッキングシートを敷いた天板に生地を並べ、表面に溶き卵を塗り、190℃に予熱したオーブンに入れ、180℃に下げて20〜25分焼く。

ほろ苦×さくふわ食感！

抹茶ホワイトチョコスコーン

抹茶のほろ苦さにホワイトチョコレートがアクセントになって、この上ないおいしさ。
緑×白のコントラストも食欲をそそります。

材料（12個分）

強力粉…100g
薄力粉…100g＋適量（打ち粉用）
抹茶パウダー…13g
ベーキングパウダー…4g
無塩バター…60g
グラニュー糖…60g
塩…ひとつまみ
牛乳…80㎖
溶き卵…30g＋適量（生地に塗る用）
ホワイトチョコレート…80g

作り方

［材料を混ぜる］

1 ボウルに強力粉、薄力粉、抹茶パウダー、ベーキングパウダーをふるい入れ、小さく切った無塩バターを加えてゴムベラで練るように混ぜ合わせる。

2 グラニュー糖と塩を加えて混ぜ、さらに牛乳と溶き卵を加えてよく混ぜる。

3 8mm角ほどに切ったホワイトチョコレートを加え、ひとまとまりになるまでよく混ぜる。

［生地を成形する］

4 ラップを敷いた作業台に生地をのせ、さらに上からラップをかけ、めん棒で厚さ2cmほどの四角形に成形する。ラップでしっかり包み、冷蔵庫で2時間冷やす。

5 打ち粉をした作業台にラップをはずした生地をのせて三つ折りにし、めん棒で厚さ2cmにのばす。これをもう2回繰り返す。

6 12×16cmに成形し、包丁で12等分に切る。

［オーブンで焼く］

7 クッキングシートを敷いた天板に生地を等間隔に並べ、表面に溶き卵を塗り、190℃に予熱したオーブンに入れ、180℃に下げて20〜25分焼く。

黒ごまスコーン

黒ごまと白ごま、2種のごまを使って風味に深みを出します。
ホットミルクと合わせると、おいしさが倍増します。

材料（12個分）

強力粉…100g
薄力粉…100g＋適量（打ち粉用）
ベーキングパウダー…4g
黒すりごま…50g
無塩バター…60g
グラニュー糖…60g
塩…ひとつまみ
牛乳…90㎖
溶き卵…30g＋適量（生地に塗る用）
白いりごま…大さじ2

作り方

[材料を混ぜる]

1 ボウルに強力粉、薄力粉、ベーキングパウダーをふるい入れ、黒すりごまと小さく切った無塩バターを加えてゴムベラで練るように混ぜ合わせる。

2 グラニュー糖と塩を加えて混ぜ、さらに牛乳、溶き卵、白いりごまを加えてよく混ぜる。

[生地を成形する]

3 ラップを敷いた作業台に生地をのせ、さらに上からラップをかけ、めん棒で厚さ2㎝ほどの四角形に成形する。ラップでしっかり包み、冷蔵庫で2時間冷やす。

4 打ち粉をした作業台にラップをはずした生地をのせて三つ折りにし、めん棒で厚さ2㎝にのばす。これをもう2回繰り返す。

5 12×16㎝に成形し、包丁で12等分に切る。

[オーブンで焼く]

6 クッキングシートを敷いた天板に生地を等間隔に並べて表面に溶き卵を塗り、190℃に予熱したオーブンに入れ、180℃に下げて20〜25分焼く。

かぼちゃスコーン

かぼちゃの甘みがほっこりおいしい！ クリームチーズを添えると◎
酸味が強めのクリームチーズなら、さらにはちみつをかけるのがおすすめです。

材料（12個分）

かぼちゃ
　（皮をむきひと口大に切る）
　…正味100g
A | 強力粉…100g
　　| 薄力粉…100g
　　| ベーキングパウダー…4g
無塩バター（小さく切る）…60g
きび糖…50g
塩…小さじ⅙

牛乳…大さじ1
溶き卵…30g
　＋適量（生地に塗る用）
薄力粉
　…適量（打ち粉用）
パンプキンシード
　…12個

作り方

STEP 1 下準備 ……………… ➤ STEP 2 材料を混ぜる ………………

1

かぼちゃは耐熱ボウルに入れてラップをかけ、
電子レンジで3分加熱してゴムベラでつぶす。

2

ボウルに**A**をふるい入れ、無塩バターを加え
て練るように混ぜ合わせる。

3

きび糖と塩を加えて混ぜ、さらに牛乳、溶き卵を加えてよく混ぜる。**1**のかぼちゃを加え、ひとまとまりになるまでよく混ぜる。

4

ラップを敷いた作業台に生地をのせ、さらに上からラップをしてめん棒で厚さ2cmほどの四角形に成形する。

> <u>STEP 4</u> オーブンで焼く

5

ラップで包み、冷蔵庫で2時間冷やす。打ち粉をした作業台にラップをはずした生地をのせて三つ折りにし、めん棒で厚さ2cmにのばす。もう1回繰り返して12×16cmに成形する。

6

包丁で12等分にし、クッキングシートを敷いた天板に並べ、表面に溶き卵を塗り、パンプキンシードをのせる。190℃に予熱したオーブンに入れ、180℃に下げて20〜25分焼く。

・Part 5・

〜〜〜〜〜〜〜〜〜

レンチン&冷やすだけ！

最強の
冷たいスイーツ

〜〜〜〜〜〜〜〜〜

夏場はもちろん、
食後のちょっとしたデザートにもぴったりな
冷たいデザートを集めました。
しかも、どれも電子レンジで
時短&簡単にできるレシピばかり！
できあがりを楽しみに、
しっかり冷やしてから召しあがってください。

マグカップで作れる！
ふるふるミルクティーゼリー

ふるふるの食感が楽しいミルクティー仕立てのゼリー。
使う紅茶はアールグレイか、イングリッシュブレックファーストがおすすめです。

材料（1人分）

紅茶（ティーバッグ）
　…1袋（約2.5g）
水…50㎖
牛乳…100㎖
グラニュー糖…大さじ1
粉ゼラチン…2g
生クリーム…適量
メープルシロップ…適量

作り方

1 耐熱マグカップに紅茶のティーバッグと水を入れ、ふんわりラップをかけて電子レンジで1分30秒加熱する。

2 牛乳を加えてさらに電子レンジで1分30秒加熱し、2分蒸らす。

3 ティーバッグを取り出し、グラニュー糖と粉ゼラチンを加え、スプーンで30秒ほどかき混ぜてしっかり溶かす。

4 粗熱が取れるまでおき、冷蔵庫で2〜3時間ほど冷やしかためる。

5 生クリームとメープルシロップを順にかける。

2

MEMO

電子レンジで加熱するため、ホチキスでとめてあるティーバッグを使う場合は、はずして茶葉のみで使用してください。

レンジで2分!

コーヒーゼリー

コーヒーを淹れるくらい簡単に作れるお手軽ゼリー。
トッピングは生クリーム×メープルシロップがおすすめです。

MEMO

お好みでバニラアイスをのせると、極上のグラスデザートに!

材料(2人分)

水…350mℓ
グラニュー糖…大さじ3
インスタントコーヒー
　…大さじ2と½
粉ゼラチン…5g
生クリーム…適量
メープルシロップ…適量

作り方

1　耐熱ボウルに水、グラニュー糖、インスタントコーヒー、粉ゼラチンを入れ、ラップをかけて電子レンジで2分加熱する。

2　スプーンでよく混ぜ、器に均等に流し入れる。

3　粗熱が取れるまでおき、冷蔵庫で3時間ほど冷やしかためる。

4　生クリームとメープルシロップを順にかける。

カフェラテミルクプリン

コーヒーのほろ苦さと牛乳のミルキーさが絶妙なプリンです。
生クリームをかけるとさらにおいしくなります。

材料(2人分)

水…大さじ 2
インスタントコーヒー
　　　…大さじ½
粉ゼラチン… 4 g
グラニュー糖…大さじ 3
牛乳…300㎖
生クリーム…適量

作り方

1　耐熱ボウルに水とインスタントコーヒー、粉ゼラチン、グラニュー糖を入れ、ラップをかけて電子レンジで50秒加熱する。ゴムベラでよく混ぜ、完全に溶かす。

2　牛乳を少しずつ加え、その都度よく混ぜる。

3　粗熱が取れるまでおき、器に移して冷蔵庫で 2 ～ 3 時間ほど冷やしかためる。

4　生クリームをかける。

レンジで簡単！

杏仁豆腐

杏仁豆腐に香りのよい黄金色の烏龍茶シロップを添えて、より本格的な味わいに。
どちらも火を使わずに電子レンジで作ります。

材料（2人分）

水…150㎖
粉ゼラチン…5g
グラニュー糖…大さじ3
塩…少々
杏仁霜…大さじ1と½
牛乳…350㎖
烏龍茶（ティーバッグ）
　　…1袋（約3g）
メープルシロップ…大さじ½

作り方

1　耐熱ボウルに水50㎖と粉ゼラチンを入れ、電子レンジで50秒加熱する。スプーンでよく混ぜ、完全に溶かす。

2　グラニュー糖、塩、杏仁霜を加えて混ぜる。

3　牛乳を加えて混ぜ、電子レンジで2分加熱する。取り出して混ぜ、さらに電子レンジで2分加熱する。

4　粗熱が取れるまでおき、冷蔵庫で2〜3時間ほど冷やしかためる。

5　別の耐熱ボウルに烏龍茶のティーバッグと水100㎖を入れ、ふんわりラップをかけて電子レンジで1分30秒加熱して1分蒸らす。ティーバッグを取り出してメープルシロップを加え、スプーンでよく混ぜて烏龍茶シロップを作る。

6　4の杏仁豆腐に5の烏龍茶シロップをかける。

5

MEMO

電子レンジで加熱するため、ホチキスでとめてあるティーバッグを使う場合は、はずして茶葉のみで使用してください。

保存袋で作れる！

マンゴーかき氷

みんな大好きなマンゴーのかき氷が保存袋だけで簡単に作れます。
マンゴーの甘み満点ながら、シャキシャキ＆さっぱりとしておいしい！

材料（2人分）

冷凍マンゴー…100g
オレンジジュース…300㎖
はちみつ…大さじ1と½～2
塩…ひとつまみ

作り方

1 ジッパーつき保存袋に冷凍マンゴーを入れて解凍する。

2 やわらかくなるまで手でもむ。

3 オレンジジュース、はちみつ、塩を加え、手でもみながらよく混ぜ、再び冷凍する。

4 めん棒でたたき、細かい氷状にする。

5 器に盛り、好みで冷凍マンゴー（材料外、適量）をのせる。

· Part 6 ·

〜〜〜〜〜〜〜

ホットもアイスも！

魅惑の
カフェドリンク

〜〜〜〜〜〜〜

ほっとひと息つきたいときにぴったりな、
カフェ風ドリンク12品をご紹介。
どれも電子レンジを使ったり、混ぜるだけと簡単なのに、
まるでお店のようなおしゃれな仕上がり！
おもてなしにも喜ばれるものばかりです。

ホット
チョコレート

マシュマロやホイップクリームを
トッピングしても！

材料（1人分）

ビターチョコレート（カカオ70％）…30g
練乳…15g
塩…少々
牛乳（乳脂肪分3.0％以上のものがおすすめ）
　…150ml
無塩バター…3g
はちみつ…少々

作り方

1　耐熱マグカップに砕いたビターチョコレートを入れ、電子レンジで50秒加熱する。

2　練乳と塩を加え、スプーンでよく混ぜる。

3　牛乳を少しずつ加え、その都度、よく混ぜる。

4　電子レンジで1分30秒加熱し、バターとはちみつを加え、よく混ぜる。

塩キャラメル
ミルク

ホイップクリームをのせれば
ミルクリッチな仕上がりに。

材料（1人分）

牛乳…150ml
グラニュー糖…大さじ½
水…小さじ1
塩…ごく少量

作り方

1　耐熱マグカップに牛乳を入れ、電子レンジで1分30秒加熱する。

2　小鍋にグラニュー糖と水を入れて中火にかけ、グラニュー糖が溶けてまわりが薄茶色に色づくまで加熱する。鍋をゆすりながらひとまわしして混ぜ、濃い茶色になるまで加熱する。

3　1の牛乳を大さじ1ほど加え、ゴムベラで混ぜる。残りを少しずつ加え、さらに塩を加えて混ぜ、カップに注ぐ。

烏龍茶
ミルクティー

烏龍茶の香りとミルキーな味が
新鮮なおいしさ。

材料（1人分）

烏龍茶（ティーバッグ）… 2袋（約6g）
水…50mℓ
牛乳…150mℓ
メープルシロップ…小さじ1

作り方

1 耐熱カップに烏龍茶のティーバッグと水
を入れ、電子レンジで1分加熱する。

2 牛乳を加え、さらに電子レンジで1分30
秒加熱し、ラップをかけて3分蒸らす。

3 ティーバッグを取り出し、メープルシロッ
プを加え、スプーンで混ぜる。

ほうじ茶ラテ

仕上げにホイップクリーム＆
メープルシロップを加えても◎

材料（1人分）

ほうじ茶（ティーバッグ）… 2袋（約3g）
水…50mℓ
牛乳…150mℓ
グラニュー糖…小さじ1
メープルシロップ…小さじ1

作り方

1 耐熱カップにほうじ茶のティーバッグと
水を入れ、電子レンジで1分加熱する。

2 牛乳、グラニュー糖、メープルシロップを
加えてスプーンで混ぜ、さらに電子レンジ
で2分加熱する。ティーバッグを取り出す。

ＭＥＭＯ

使用する烏龍茶によって風味が異なるため、
2で味が濃い場合は牛乳を増やしたり、蒸
らし時間を短めに調整してください。

アップルティー

心も体も温まる
フルーティーな一杯！

材料 (1人分)

りんご…¼個
水…500㎖
はちみつ…大さじ1
紅茶 (ティーバッグ) … 2袋 (約5g)

作り方

1　りんごは皮をむき、厚さ5㎜のくし形切り
　　にする。

2　小鍋に1のりんごと皮を入れ、水とはち
　　みつを加え、強火にかける。

3　沸騰したら中火にして5分加熱し、皮を取
　　り出して火から下ろす。

4　紅茶のティーバッグを加えて蓋をし、パッ
　　ケージの表示時間どおりに蒸らす。ティー
　　バッグを取り出し、カップに注ぐ。

みかんティー

みかんをつぶして
果汁を加えながら飲んでもおいしい！

材料 (1人分)

みかん… 1個
水…150～200㎖ (紅茶のパッケージの表示量)
紅茶 (ティーバッグ) … 1袋 (約2.5g)
はちみつ…小さじ1～大さじ½

作り方

1　みかんは皮をむき、横に3～4等分の輪切
　　りにする。

2　耐熱カップに1と水を入れ、電子レンジ
　　で2分加熱する。

3　紅茶のティーバッグを加えてラップをかけ、
　　パッケージの表示時間どおりに蒸らす。

4　ティーバッグを取り出し、はちみつを加え
　　てスプーンで混ぜる。

マンゴーラッシー

マンゴーの甘みと
ヨーグルトの酸味がさわやか♪

材料（2人分）

冷凍マンゴー…100g
A 無糖プレーンヨーグルト…200ml
　　牛乳…200ml
　　レモン果汁…大さじ1
　　グラニュー糖…大さじ2
　　塩…少々

作り方

1 冷凍マンゴーは解凍し、ボウルに⅔量を入れ、フォークでつぶす。残りの⅓量とともに、グラス2個に均等に分け入れる。

2 ボウルに**A**を入れて混ぜる。**1**のグラスに均等に分け入れ、氷（材料外、適量）を入れて混ぜながら飲む。

バナナラッシー

バナナ1本をたっぷり使った
ぜいたくな一杯！

材料（1人分）

バナナ…1本
牛乳…100ml
無糖プレーンヨーグルト…100g
レモン果汁…大さじ½
塩…少々

作り方

1 ボウルにバナナを入れ、ゴムベラで細かくつぶす。

2 牛乳、無糖プレーンヨーグルト、レモン果汁、塩を入れて混ぜる。

3 グラスに氷（材料外、適量）を入れ、**2**を注ぐ。

ふるふるコーヒー
ゼリーラテ

ゼリーのふるふるした
食感が楽しい！

材料（2人分）

水…300㎖
インスタントコーヒー…大さじ2と½
グラニュー糖…大さじ3
粉ゼラチン…5g
牛乳…300㎖
バニラアイス…適量
メープルシロップ…適量

作り方

1　耐熱ボウルに水、インスタントコーヒー、
　　グラニュー糖、粉ゼラチンを入れてふんわ
　　りラップをかけ、電子レンジで2分加熱す
　　る。スプーンでよく混ぜてしっかり溶かす。

2　冷蔵庫で2時間ほど冷やしかためる。

3　スプーンでざっくり崩してグラス2個に
　　均等に分け入れ、牛乳を注ぎ、バニラアイ
　　スをのせ、メープルシロップかける。

アイス
ミルクティー

ミルクと紅茶の2層が
おしゃれなドリンク。

材料（2人分）

水…100㎖
紅茶（茶葉）…10g
牛乳…200㎖
ホイップクリーム、メープルシロップ
　　（ともに好みで）…各適量

作り方

1　小鍋に水を入れて強火にかけ、沸騰したら
　　中火にし、紅茶を加えて再び沸騰するまで
　　加熱する。

2　蓋をして2分蒸らし、茶漉しでポットに漉
　　し入れる。

3　グラスに氷（材料外、適量）を入れ、牛乳を
　　注ぎ、さらに2の紅茶を氷にあてながら注
　　ぐ。好みでホイップクリームをのせ、メー
　　プルシロップをかける。

アイス抹茶ラテ

練乳入りで
ミルキーな仕上がりに！

材料（1人分）

抹茶パウダー…小さじ1＋適量（仕上げ用）
練乳…大さじ1
塩…ごく少量
牛乳…150㎖
ホイップクリーム…適量

作り方

1 グラスに抹茶パウダーと練乳、塩を入れ、
スプーンで練るようにしながらよく混ぜる。

2 牛乳を少しずつ加え、その都度、よく混ぜ
る。

3 氷（材料外、適量）を加え、ホイップクリー
ムを絞り、茶漉しで抹茶パウダーをふる。

アイス
ほうじ茶ラテ

メープルシロップやはちみつで
甘みをプラスしても◎

材料（1人分）

ほうじ茶（ティーバッグ）…2袋（約3g）
水…50㎖
牛乳…150㎖

作り方

1 耐熱ボウルにほうじ茶のティーバッグと
水を入れ、電子レンジで1分加熱する。

2 ラップをかけて2分蒸らし、ティーバッグ
を取り出す。

3 グラスに氷（材料外、適量）を入れ、**2**のほ
うじ茶を注ぎ、さらに牛乳を注ぐ。

レンジだけでOK！
究極のとろけるカスタード

電子レンジで作れる簡単カスタードクリームをご紹介。
おうちカフェ時間をさらに充実させてくれるはずです。

**烏龍茶×ミルクの
意外な組み合わせが相性抜群！**

烏龍茶カスタード

材料（作りやすい分量）

烏龍茶（ティーバッグ）
　…1袋（約3g）
水…50㎖
溶き卵…1個分（約50g）
グラニュー糖…大さじ4
薄力粉…大さじ2
牛乳…150㎖
無塩バター…20g
バニラエッセンス…3滴

作り方

1 耐熱ボウルに烏龍茶のティーバッグと水を入れ、ふんわりラップをかけ、電子レンジで1分加熱する。1分蒸らし、ティーバッグを取り出す。

2 溶き卵、グラニュー糖、薄力粉、牛乳を加え、泡立て器で混ぜる。

3 ラップをせずに、電子レンジで2分加熱して混ぜる。さらに1分加熱して混ぜ合わせる。とろみが出るまでもう1回繰り返す。とろみが出ない場合、30秒ずつ追加で加熱する。

4 無塩バターとバニラエッセンスを加えて混ぜる。

濃厚でそのままでも抹茶プリンみたい！

抹茶カスタード

材料（作りやすい分量）

抹茶パウダー…大さじ½
牛乳…200㎖
溶き卵…1個分（約50g）
グラニュー糖…大さじ4
薄力粉…大さじ2
無塩バター…20g

作り方

1 耐熱ボウルに抹茶パウダーと牛乳大さじ1を入れ、ゴムベラでしっかり溶く。

2 溶き卵、グラニュー糖、薄力粉、残りの牛乳を加え、泡立て器で混ぜる。

3 電子レンジで2分加熱して混ぜる。さらに1分加熱して混ぜ合わせる。とろみが出るまでもう1回繰り返す。

4 無塩バターを加え、泡立て器で混ぜる。

茶葉の種類を変えてアレンジしても！

ミルクティーカスタード

材料（作りやすい分量）

紅茶（ティーバッグ）
　…1袋分（約2.5g）
水…50㎖
溶き卵…1個分（約50g）
グラニュー糖…大さじ4
薄力粉…大さじ2
牛乳…150㎖
バニラエッセンス
　…3滴
無塩バター…20g

作り方

1 耐熱ボウルに紅茶のティーバッグと水を入れ、ふんわりラップをかけ、電子レンジで1分30秒加熱する。そのまま1分蒸らし、ティーバッグを取り出す。

2 溶き卵、グラニュー糖、薄力粉、牛乳、バニラエッセンスを加え、泡立て器で混ぜる。

3 ラップをせずに、電子レンジで2分加熱し、泡立て器で混ぜる。さらに1分加熱して混ぜ合わせる。とろみが出るまでもう1回繰り返す。

4 無塩バターを加えて混ぜる。

おすすめの食べ方

カスタードクリームはそのまま食べてもおいしいですが、
クッキーやバゲットと合わせるとさらに楽しみが広がります。
ここではおすすめの食べ方をご紹介します。

クッキーと
合わせて

バニラクッキーやバタークッキーなど、
スタンダードな味のクッキーにディップ
して食べるのがおすすめです。濃厚なカ
スタードクリームと合わせれば、シンプ
ルなクッキーがワンランク上のぜいたく
な味に変身！

パンやスコーンと
合わせて

バゲッドやクロワッサン、トーストした
食パンとの相性がいいです。また、クロ
テッドクリームやホイップクリームの代
わりとしてスコーンに塗るのもおすすめ。
その際はぜひ紅茶を合わせて楽しんでく
ださい。

食材別 Index

toroa

お取り寄せを中心に展開しているスイーツブランド。看板商品「とろ生チーズケーキ」が日本最大級のお取り寄せ情報サイト「おとりよせネット」が選ぶベストお取り寄せ大賞2022の総合大賞を受賞するなど、スイーツ好きから注目を集めている。不定期でポップアップショップも出店中。

toroa公式オンラインショップ　https://www.kutsurogi-ya.com/
X（旧Twitter）　@toroa_kutsurogi
Instagram　@toroa_kutsurogiya

お取り寄せNo.1スイーツ！ toroaが教える

極上のおうちお菓子

著者	toroa		撮影	水野聖二
2024年2月9日　初版発行			調理・スタイリング	北林香織（エーツー）
			調理アシスタント	杉山奈津子（エーツー）
			アートディレクション	細山田光宣
			デザイン	山本夏美（細山田デザイン事務所）
発行者	横内正昭		ライター	鶴留聖代
編集人	青柳有紀		DTP	横村 葵
発行所	株式会社ワニブックス		撮影協力	UTUWA
	〒150-8482		校正	東京出版サービスセンター
	東京都渋谷区恵比寿4-4-9 えびす大黒ビル		編集	長島恵理（ワニブックス）

ワニブックスHP　http://www.wani.co.jp/
WANI BOOKOUT　http://www.wanibookout.com/

お問い合わせはメールで受け付けております。HPより「お問い合わせ」へお進みください。※内容によりましてはお答えできない場合がございます。

印刷所	TOPPAN株式会社
製本所	ナショナル製本

定価はカバーに表示してあります。落丁本・乱丁本は小社管理部宛にお送りください。送料は小社負担にてお取替えいたします。ただし、古書店等で購入したものに関してはお取替えできません。本書の一部、または全部を無断で複写・複製・転載・公衆送信することは法律で認められた範囲を除いて禁じられています。

©toroa2024
ISBN 978-4-8470-7397-7